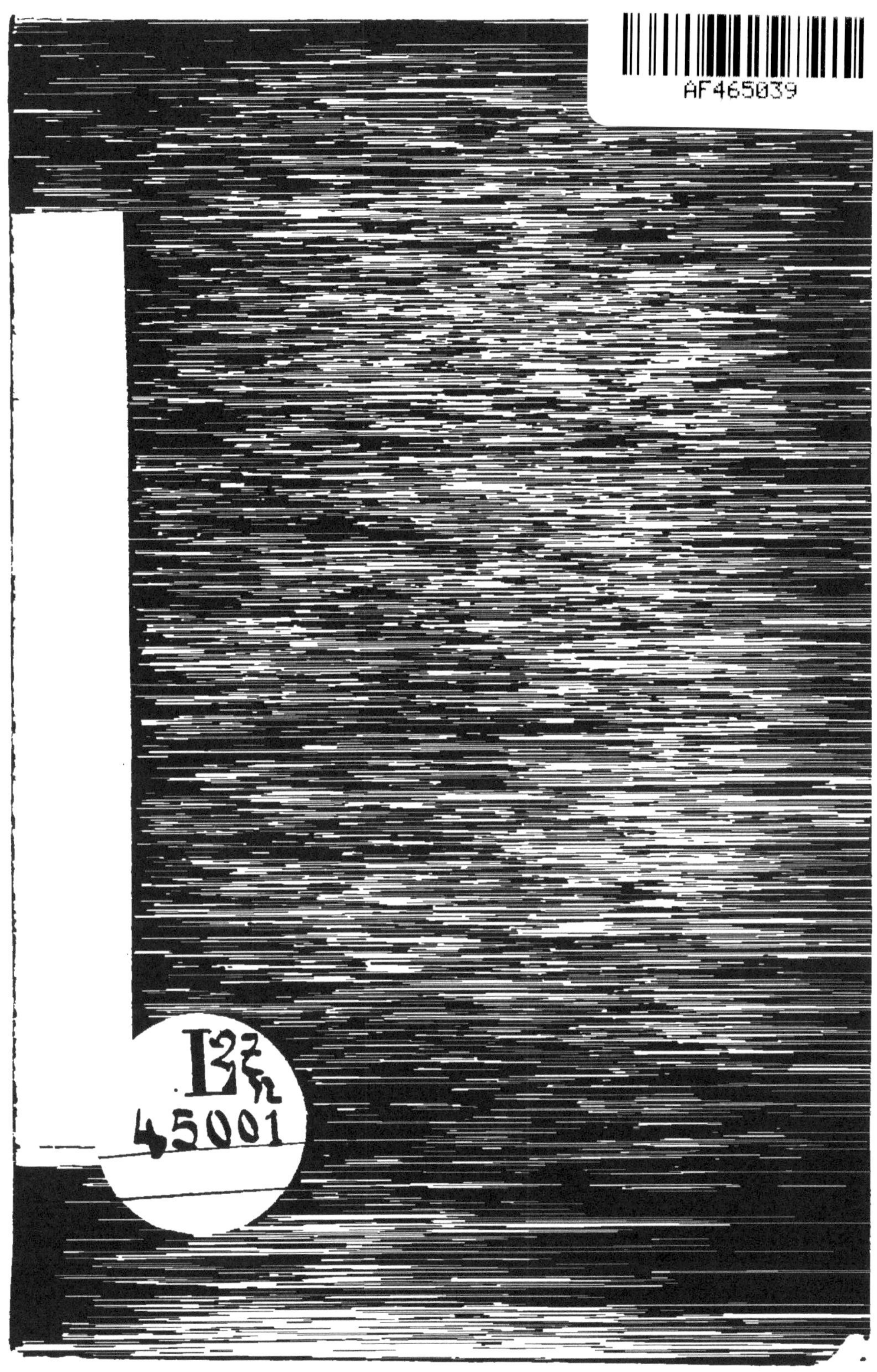
L27n
45001

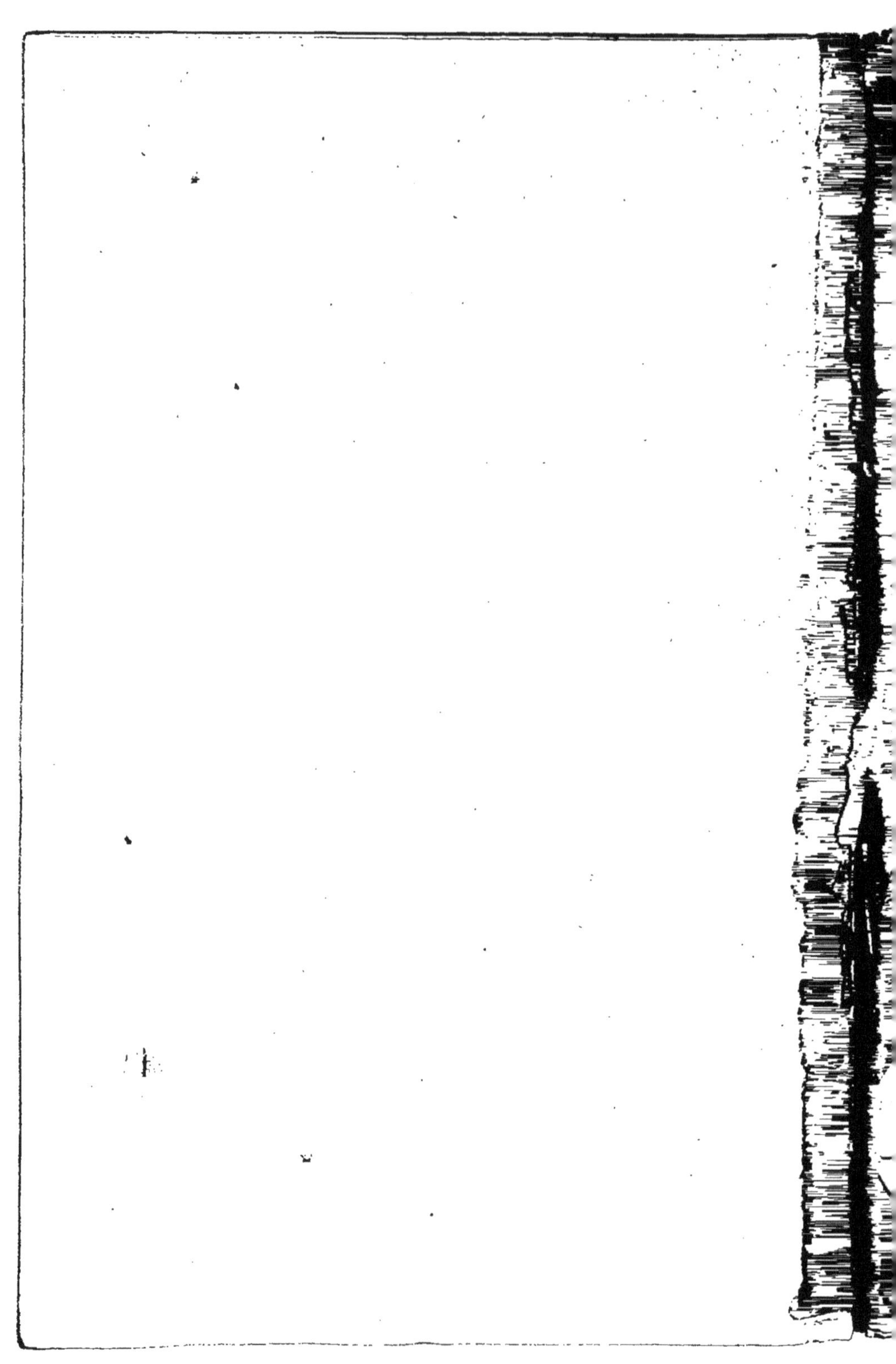

ABBEVILLE (Somme)
C. PAILLART, IMPRIMEUR-ÉDITEUR

NOTICE

SUR

SAINT VIATEUR

ABBEVILLE

C. PAILLART, IMPRIMEUR-ÉDITEUR

des Brochures illustrées de Propagande catholique

1897

NOTICE

SUR

SAINT VIATEUR

I.

Origine de saint Viateur.

Saint Viateur vécut pendant le IVe siècle, qui donna au monde étonné le spectacle des plus admirables vertus.

On ne sait pas exactement le lieu, ni la date de sa naissance; mais son titre de *Lecteur de Lyon* autorise à croire que la cité lyonnaise fut sa patrie. On ignore aussi l'année de sa mort, et tout ce qu'on peut affirmer, c'est qu'il se sanctifia de bonne heure. Comme plus tard saint Louis de Gonzague et saint Stanislas de Kostka, il atteignit, jeune encore, à une très haute perfection.

Saint Adon, évêque de Vienne, l'appelle un *très saint jeune homme,* expression qui exclut la maturité de l'âge, et encore plus la vieillesse. Le martyrologe romain fixe la fête de saint Viateur au 21 octobre.

II.

Son Nom.

Par une disposition de la Providence, notre Saint reçut en naissant le nom prophétique de *Viateur* ou *voyageur*. Il réalisa la signification de ce nom en accompagnant, dans ses voyages, l'évêque saint Just, dont il imita si parfaitement les vertus; il la réalisa surtout par son détachement absolu des biens et des vanités du monde, en sorte que toute sa vie a été celle d'un voyageur qui, sur la terre étrangère, aspire, de toute l'ardeur de ses désirs, à la possession de la patrie.

III.

Il reçoit l'ordre de Lecteur.

Dès sa plus tendre enfance, Viateur montra de très heureuses dispositions, on ne vit jamais en lui rien de puéril ; aussi l'évêque saint Just, qui le distingua parmi les autres enfants, lui proposa-t-il d'entrer dans la cléricature. A l'ap-

pel d'un pontife si sage, Viateur répondit par l'obéissance. La voix de son évêque était pour lui la voix de Dieu.

Il reçut l'ordre de lecteur, et son humilité ne visa pas plus haut dans la hiérarchie sacrée.

Saint Viateur reçoit l'ordre de lecteur.

On ne saurait douter qu'il ne se soit rendu parfait dans les vertus que l'Eglise recommande aux clercs revêtus de cet ordre. Il mit un grand soin à s'instruire de ses obligations, afin de les remplir avec une exacte fidélité. Il lisait avec foi et respect la sainte Ecriture aux fidèles, il enseignait le catéchisme aux petits enfants, et sa conduite très pure était un commentaire vivant de la parole divine. Il prêchait par l'exemple, marchant sans hésiter dans la voie étroite qui mène à la sainteté ; genre de prédication à la portée de tous, et que Dieu rend fécond à proportion de notre humilité.

IV.

Prélude d'une destinée nouvelle.

Bientôt une autre destinée échut au pieux adolescent. Mais avant de le suivre dans cette nouvelle phase de sa vie, il est nécessaire de rappeler un évènement qui en fut la cause éloignée.

Dans un accès de frénésie, un homme tua plusieurs personnes de Lyon et courut ensuite se réfugier dans une église. Le peuple, justement indigné, voulait de vive force l'arracher du lieu saint pour le mettre à mort.

L'évêque saint Just s'opposa à cette violation du droit d'asile, attaché aux églises. Mais voyant la colère de la multitude augmenter et craignant une émeute, il crut pouvoir livrer cet homme, après avoir fait promettre au gou-

Saint Viateur enseigne le catéchisme aux enfants.

verneur civil de le soustraire à la fureur de la foule.

A peine le meurtrier eut-il les pieds hors de l'église, que le peuple se précipita sur lui comme sur une bête féroce et le mit en pièces.

Ce tragique évènement, dont il se crut responsable devant Dieu, pénétra le saint évêque d'une très vive douleur. Il prit la résolution d'aller expier cette prétendue faute dans les déserts de l'Egypte, rendez-vous alors très fréquenté de l'innocence et de la pénitence.

Pendant plusieurs années, il médita ce projet, n'attendant qu'une occasion favorable de le mettre à exécution.

En 381, après le concile d'Aquilée, où il assista en qualité de *Légat de toutes les Gaules*, il crut le moment opportun de fuir dans la solitude.

V.

L'Exil.

Le jeune Viateur, confident de son secret, lui avait promis de le suivre en exil. Les travaux du concile terminés, saint Just revient en Gaule et congédie sa suite, sous prétexte de visiter sa famille qui résidait à Tournon, mais en réalité pour épargner à son peuple les émotions et les larmes de la séparation.

Viateur, averti de le rejoindre à Arles, quitte secrètement Lyon, abandonne ses parents, ses amis, sa vie paisible, renonce aux dignités auxquelles ses talents et ses qualités l'autorisaient à prétendre, et court se jeter aux pieds de son évêque : « Seigneur, vous m'avez appelé, me voici, voici votre fils. » Dès ce jour, les liens de spirituelle affection qui unissaient les deux saints, devinrent plus intimes et indissolubles. C'était entre eux la véritable amitié, celle dont Dieu est le principe et la fin : d'un côté la vigilante sollicitude du meilleur des pères ; de l'autre, la docilité et les soins affectueux du plus dévoué des fils.

Le saint vieillard n'attendait que son jeune compagnon pour se mettre en route. Dès que celui-ci l'eut rejoint, ils gagnèrent ensemble Marseille et s'embarquèrent sur le premier vaisseau qui fit voile vers l'Orient.

A cette époque reculée, où l'art nautique était pour ainsi dire dans l'enfance, les voyages maritimes étaient longs et dangereux. En cas de vents contraires, il fallait des mois entiers pour traverser la Méditerranée. Saint Paul mit plus de trois mois pour venir de Syrie en Italie.

Viateur dut trouver bien pénible ce long parcours de Marseille en Egypte, surtout étant donnée la composition de l'équipage ; car, passagers et matelots, presque tous païens, se distinguaient par la brutalité des mœurs et du langage.

Quand la mer était en courroux, Viateur priait et s'abandonnait avec confiance à la volonté de Dieu, entre les mains de qui il avait fait le sacrifice de sa vie.

Il priait encore et fermait ses sens au moindre aspect du mal, bénissant Dieu quand il l'entendait blasphémer, s'excitant à l'aimer davantage en présence de l'aveuglement de ceux qui l'outrageaient. Ses entretiens avec son évêque fortifiaient son courage et soutenaient sa vertu.

La vue de ce vieillard et de cet adolescent, l'un et l'autre si réservés, si dignes, et en même temps si affables, si charitables, commandait la retenue et le respect. Le vice perd de son audace, il finit par rougir quand il rencontre une vertu solide qui s'affirme naturellement et sans ostentation.

Arrivés en Egypte, terre jadis bénie par le séjour de l'Enfant Jésus exilé, nos deux saints voyageurs ne s'arrêtèrent pas à satisfaire une vaine curiosité. Que leur importaient les splendeurs de la riche vallée du Nil, ses magnifiques cités, ses immenses nécropoles, ses superbes pyramides et les mille souvenirs d'un passé depuis longtemps enseveli dans la poussière? Tout cela c'est l'homme, c'est le monde, c'est

la vanité, et ils cherchaient Dieu. Ils le trouvèrent dans les déserts de la Thébaïde.

Où Dieu nous appelle, là il se découvre à nous. Il se cache, au contraire, lorsque nous obéissons aux caprices d'une volonté déréglée; nos

Départ de saint Just et de saint Viateur pour la Thébaïde.

lumières se changent alors en ténèbres, et nous courons le danger de tomber dans les embûches du démon. Les voyages peuvent avoir des conséquences déplorables si l'on se départ des règles de la prudence chrétienne. « Voyager, disait Lancelot, c'est voir le diable habillé de toutes sortes de façons, à l'allemande, à l'italienne, à l'espagnole et à l'anglaise, mais c'est toujours le diable, *crudelis ubique,* » partout cruel. L'auteur de l'*Imitation* va même jusqu'à blâmer les pèlerinages où la curiosité s'allie à la dévotion, parce qu'alors on ouvre inconsidérément les fenêtres de son âme, on veut tout voir, tout entendre; et le démon, qui toujours veille, profite avec une cruelle habileté de l'accès qu'on donne à ses suggestions perfides.

VI.

La Vie monastique.

Au IVe siècle, l'Egypte, ce berceau de toutes les vieilles superstitions, était devenue la terre privilégiée de l'Evangile. La sainteté brillait d'un éclat merveilleux depuis Thèbes jusqu'à la mer, et les déserts qui confinent à la vallée du Nil, changés en fertiles oasis, virent la plus riche floraison des vertus chrétiennes. Ces arides solitudes s'étaient couvertes de monastères, où trouvaient un refuge contre les dangers du monde, des multitudes de fidèles de tout âge, de toute condition, de tout sexe.

Il n'était pas rare que des évêques, se dérobant aux honneurs de leur dignité, allassent au fond de la Thébaïde s'ensevelir dans le silence d'un monastère, crucifiant leur chair par les mortifications et le travail, jeûnant au pain et à l'eau, priant beaucoup, dormant peu et sur la dure, n'entretenant de commerce qu'avec Dieu et ses anges.

VII.

Saint Just et Saint Viateur dans un monastère.

Saint Just et son disciple allèrent donc frapper à la porte d'un des nombreux monastères de la Thébaïde. Le pontife eut soin de cacher son nom et ses titres. Dans son humilité, il se présenta comme un pauvre pécheur, venu pour se préparer à bien mourir. Viateur respecta le secret qu'il lui avait promis et fut son parfait imitateur dans les exercices de la vie contemplative et de la pénitence.

Heureux qui se consacre à Dieu dès la jeunesse ! Viateur, enfant, avait goûté la suavité de cette consécration et les années ne firent que l'affermir au service d'un si bon Maître. A Lyon, il avait été un modèle de candeur et d'innocence ; dans la solitude, cette « arène des forts », il donna l'exemple de toutes les vertus religieuses. Il y vécut dans un saint mépris de lui-même, dans l'amour de la pauvreté et de la souffrance. Il mortifia son corps par le jeûne et dompta sa langue par le silence.

La méditation de la parole de Dieu faisait ses chastes délices, et son cœur, détaché de la terre, s'élevait libre vers le ciel, dans une oraison continuelle.

Pureté virginale, pauvreté absolue, obéissance aveugle, ces trois vertus qui sont la matière des trois vœux de religion, brillèrent en lui du plus vif éclat ; voilà ce qui rend la vie de ce « très saint jeune homme » si digne de notre admiration.

VIII.

Mort de Saint Just.

Cependant Just touchait à ses derniers moments. Il avait à ses côtés, avec son fidèle lecteur, un prêtre de Lyon nommé Antiochus qui, affligé de l'exil de son évêque, ne s'était donné de repos qu'après avoir découvert le lieu de sa retraite, et était devenu son compagnon de solitude.

Comme autrefois Jacob mourant dans ce même pays d'Egypte, saint Just fut saisi de l'esprit prophétique avant de quitter la terre ; au prêtre Antiochus, il annonça qu'il retournerait dans sa patrie et deviendrait évêque de Lyon ; cette prédiction s'accomplit.

Au jeune Viateur, qui le suppliait avec larmes de ne pas l'abandonner, le saint vieillard répondit : « Ne vous attristez pas, mon fils ; car vous touchez au terme de l'exil et bientôt vous me suivrez dans là céleste patrie. »

Le cœur fortifié par ces paroles, Viateur sécha ses pleurs et rendit pieusement les derniers devoirs à celui qui avait dirigé ses pas dans les voies du salut.

Saint Just exhala son dernier soupir le 2 septembre.

IX.

Mort de Saint Viateur.

Dès ce jour, la terre parut plus vile que jamais à saint Viateur. Ses pensées, ses affections, ses désirs étaient tout célestes : l'amour de Dieu le consumait. Bientôt sa constitution succomba et sa belle âme, prématurément riche de mérites, alla recevoir au Ciel la couronne des bienheureux. Cet évènement arriva le 21 octobre, quelques semaines après le trépas de saint Just, dont la promesse eut ainsi son accomplissement.

Les religieux qui les avaient accueillis l'un et l'autre, apprirent enfin quelle éminente dignité s'était voilée sous la profonde humilité du vénérable vieillard et ils conçurent une haute opinion de sa sainteté.

Ils admirèrent aussi la conduite héroïque de Viateur, et, rapprochant de son passé la constance de sa vertu dans le désert, ils remercièrent le Seigneur d'avoir fait de leur monastère le vestibule du Ciel pour cette âme si généreuse.

X.

Sort des reliques de Saint Just et de Saint Viateur.

On peut supposer que le même tombeau reçut les mortelles dépouilles de nos deux saints.

Mort de saint Viateur.

Quoi qu'il en soit, les habitants de Lyon ayant appris la mort de leur bienheureux évêque, voulurent avoir son corps au milieu d'eux. Ils envoyèrent donc une députation en Egypte pour réclamer ces restes précieux. En ce temps-là, chaque ville ambitionnait le bonheur de posséder les reliques de ses saints, à cause des grâces temporelles et spirituelles dont Dieu se plaît à récompenser le culte qu'on leur rend.

Avec le corps de saint Just, on rapporta celui de saint Viateur. Pendant que leurs âmes jouissaient du même bonheur dans le Ciel, leurs dépouilles devaient recevoir les mêmes honneurs sur la terre. La même église de Lyon devint leur tombeau : c'était autrefois l'église des Macchabées, qui a pris depuis le nom de Saint-Just.

Là ces restes précieux furent religieusement conservés et honorés jusqu'au XVIe siècle. A cette époque les protestants s'emparèrent de Lyon, et, selon leur sacrilège coutume d'insulter ce que les catholiques entouraient d'une pieuse vénération, ils profanèrent horriblement toutes les reliques qui leur tombèrent sous la main. Celles de saint Just et de saint Viateur ne furent pas épargnées : cette fois encore elles eurent un sort commun.

Cependant on put soustraire à la fureur calviniste la tête de saint Just, « qui se conserve précieusement dans l'église de la Primatiale », et une relique considérable de saint Viateur. Celle-ci, jusqu'à la révolution, resta dans l'église de Saint-Just. Et comme l'impiété fanatique des révolutionnaires ne le cédait en rien à celle des huguenots, le sacristain de Saint-Just la mit heureusement à l'abri de nouveaux outrages.

Il la légua, en mourant, à M. Caron, prêtre sacristain de la Primatiale de Saint-Jean de Lyon. Celui-ci, voyant un jour prier dans cette même église M. l'abbé *Querbes*, curé de Vourles, lui remit le dépôt sacré dont il était comme le gardien, jugeant que ce riche trésor devait naturellement appartenir à la *Congrégation* née sous le vocable de saint Viateur.

XI.

L'Institut de Saint-Viateur.

Jusqu'au XIXe siècle, saint Viateur fut peu connu en dehors du diocèse de Lyon. Vers 1830, un pieux ecclésiastique, M. l'abbé Querbes, curé de Vourles, près de Lyon, se sentit inspiré de fonder une Congrégation à laquelle il donna un double but : l'éducation chrétienne des enfants et le service des saints autels.

A l'Institut naissant il fallait un nom qui résumât la double fonction attribuée à ses membres. M. Querbes, Lyonnais de naissance, se rappela le compagnon de saint Just.

Auxiliaire du prêtre, Viateur préparait les choses nécessaires au saint sacrifice, il lisait l'Ecriture sainte aux fidèles, il enseignait les éléments de la doctrine chrétienne aux enfants.

La similitude des fonctions parut si frappante à M. Querbes qu'il donna saint Viateur pour patron à ses disciples. La Société à son berceau reçut donc le nom de « Société de Clercs paroissiaux ou Catéchistes de Saint-Viateur ».

Composée de Prêtres et de Frères, elle fut approuvée par l'Eglise en 1838. Grégoire XVI, en bénissant le fondateur et son œuvre, dit cette mémorable parole : « Croissez et multipliez-vous, » qui exprime la volonté du Ciel, puisque Jésus-Christ veut, approuve, ratifie les arrêts et les vœux de son Vicaire.

Le souhait de Grégoire XVI n'a pas été stérile ; la Société des Clercs de Saint-Viateur s'est accrue et multipliée en France et en Amérique. Saint Viateur est honoré par des milliers d'enfants et de jeunes gens qui reçoivent, dans les écoles de l'Institut, une solide éducation chrétienne et une bonne instruction.

Des parents choisissent saint Viateur pour patron de leurs enfants ; des maisons d'éducation existent sous son vocable : il y a le pensionnat Saint-Viateur à Amplepuis (Rhône);

l'école Saint-Viateur à Joliette (Canada) ; une autre école Saint-Viateur au Coteau-Saint-Louis, près Montréal (Canada). Dans la grande république de l'Amérique du Nord, Chicago a une église sous le vocable de saint Viateur, et Bourbonnais-Grove (Illinois), un collège dédié aussi à saint Viateur.

La ville de Joliette a même une rue de Saint-Viateur.

Outre les écoles primaires et les sacristies, qui entrent plus directement dans ses attributions, l'Institut dirige plusieurs maisons d'enseignement secondaire, des orphelinats, des institutions de sourds-muets. Il propage la dévotion trop négligée aux saints Anges gardiens.

Dans le diocèse de Chicago, aux Etats-Unis, où le clergé séculier est en nombre insuffisant, l'Institut de Saint-Viateur, grâce à son personnel sacerdotal, a pu accepter l'administration de plusieurs paroisses.

XII.

Le Juvéniste de Saint-Viateur.

Avant d'être admis dans les rangs de l'Institut de Saint-Viateur, une longue préparation est nécessaire. Elle commence au *juvénat*, où l'on reçoit des enfants et des jeunes gens en qui se révèlent les principaux caractères de la vocation religieuse. Un enfant de famille chrétienne

Vue du berceau de l'Institut des Clercs de saint Viateur.

peut être admis au juvénat après sa première communion. On exige de lui la santé, une intelligence ouverte, un jugement droit, la docilité, la piété et le désir de vouer sa vie au service de Dieu.

Par les éléments des lettres, des sciences, et surtout par l'instruction religieuse, on développe les facultés du juvéniste et l'on cultive sa piété.

XIII.

Le Novice.

Si on le juge capable de bien servir la religion dans l'Institut, vers quinze ou seize ans, le juvéniste devient *novice*.

Le noviciat est véritablement l'apprentissage de la vie religieuse. Les novices observent la règle de la Congrégation, ils s'exercent à la pratique des vertus chrétiennes et des conseils évangéliques. En même temps ils s'occupent d'études et de travaux qui les préparent à remplir convenablement les fonctions du saint état auquel ils aspirent.

XIV.

Le Clerc de Saint-Viateur.

L'épreuve du noviciat terminée, l'adolescent est admis à faire partie de la Congrégation. Il devient clerc ou catéchiste de Saint-Viateur.

Le jour de sa profession religieuse il s'attache à Dieu par des nœuds plus serrés, il se voue corps et âme aux œuvres de l'Institut, pour l'honneur de la sainte Eglise, le salut des âmes et la gloire de Dieu.

XV.

Consécration de l'Institut au Sacré-Cœur de Jésus.

Afin d'accroître la ferveur de ses membres et d'obtenir plus de fécondité à ses œuvres, l'Institut de Saint-Viateur s'est voué au Sacré-

Cœur de Jésus par une consécration solennelle, le 16 juin 1882. Une belle statue du Sacré-Cœur, élevée dans la propriété de la Maison-

Mère, à Vourles, rappelle le souvenir de cette mémorable donation. Aux pieds de cette statue, les juvénistes et les novices, non moins que

Statue du Sacré-Cœur, à Vourles.

leurs aînés dans la vie religieuse, aiment à répandre leurs pieuses supplications pour leurs parents et leurs bienfaiteurs.

XVI.

Consécration de l'Institut à la Sainte Vierge.

Le 12 juin 1892, fête de la sainte Trinité, l'Institut a été solennellement consacré à N.-D. de Lourdes par son Supérieur Général, le R. P. Lajoie, accompagné de trois religieux de la Congrégation.

En ces jours de tourmente révolutionnaire, les Clercs de Saint-Viateur ont tourné leurs regards suppliants vers Celle qui est forte comme une armée rangée en bataille, et lui ont dit : « Nous sommes à vous, nous sommes votre bien, votre domaine ; à vos pieds, ô notre Reine et notre Mère, nous mettons nos personnes et toutes nos œuvres; la Congrégation de Saint-Viateur vous appartient corps et biens, comme elle appartient au Sacré-Cœur de votre Fils.

« O douce Mère, secourez vos enfants dans

tous les dangers; ô toute-puissante Souveraine, défendez votre propriété ; couvrez du bouclier de votre protection nos frères soldats; donnez

la patience à ceux qui souffrent, la victoire à ceux qui combattent ; faites que, dans nos divers emplois, nous accomplissions tous et toujours avec zèle l'œuvre de Dieu, pour la

Notre-Dame de Lourdes.

gloire de votre divin Fils, Notre-Seigneur Jésus-Christ. Enfin, ô Marie, prenez en main les intérêts spirituels et temporels de nos Bienfaiteurs. »

Après cette donation solennelle, plus que jamais l'Institut de Saint-Viateur peut attendre l'avenir avec confiance. Les projets des méchants périront, mais ce que Marie garde est bien gardé.

Prière en l'honneur de Saint Viateur

(*Traduite du Bréviaire de Lyon*).

O Dieu qui avez choisi saint Viateur pour se tenir au pied de vos saints autels et servir à vos saints mystères, daignez nous faire la grâce de ne jamais déchoir de la sainteté du rang auquel votre bonté nous a élevés. Nous vous en prions par Jésus-Christ votre Fils, qui vit et règne avec vous en l'unité du Saint-Esprit, dans tous les siècles des siècles. Amen.

ŒUVRE DE SAINT-VIATEUR

AVANTAGES SPIRITUELS

Outre le mérite bien grand de coopérer au recrutement des instituteurs religieux, et de procurer à des milliers d'enfants le bienfait d'une éducation chrétienne, les membres de l'Œuvre des Noviciats participent aux grâces et aux nombreuses indulgences accordées à l'Institut de Saint-Viateur et à ses Bienfaiteurs, d'après un rescrit apostolique en date du 10 juillet 1833.

Au nombre de ces précieuses indulgences sont les suivantes :

Indulgence plénière :

1° A l'article de la mort, par l'invocation du saint Nom de Jésus, de bouche ou du moins de cœur ;

2° A la Communion faite après l'affiliation spirituelle à l'Institut ;

3° A la fête de saint Viateur (21 octobre), aux conditions ordinaires.

De plus, l'Institut témoigne de sa reconnaissance à ses Bienfaiteurs, comme il suit :

1° Un grand nombre de messes sont dites pour eux chaque année, et ce nombre augmentera avec les progrès de la Congrégation.

Le premier jour du mois, dans chaque maison principale, on célèbre la messe pour les Bienfaiteurs vivants, et le dernier, pour les Bienfaiteurs morts.

Ces avantages, comme ceux qui suivent, sont *à perpétuité*.

2° Aux mêmes intentions, le premier dimanche du mois, la sainte Communion est faite par tous les membres de la Communauté : profès, novices et juvénistes.

3° Chacun d'eux récite le chapelet tous les mercredis de l'année et ajoute, à la prière quotidienne du matin, un *Pater* et un *Ave* pour les Bienfaiteurs vivants ; à celle du soir, un *De Profundis* pour les Bienfaiteurs défunts.

4° Tous les enfants élevés par la Congrégation récitent, le matin et le soir, un *Pater* et un *Ave* aux mêmes fins.

5° Outre ces précieuses faveurs, le *Fondateur* d'une bourse à perpétuité a droit annuellement à trois messes, et le *Fondateur* d'une demi-bourse à perpétuité, à une messe par an.

Permis d'imprimer :

† LÉON,

Evêque d'Amiens.

Abbeville, imp. C. Paillart, Editeur des *Brochures illustrées de Propagande Catholique.*

www.ingramcontent.com/pod-product-compliance
Ingram Content Group UK Ltd.
Pitfield, Milton Keynes, MK11 3LW, UK
UKHW020952220726
13924UKWH00002B/640